51
b 1150

DEUXIÈME

LETTRE POLITIQUE,

DE M. DE CORMENIN,

SUR LA LISTE CIVILE.

PARIS,

Chez SÉTIER, Imprimeur-Libraire,
Rue de Grenelle Saint-Honoré, n. 29,
Et chez les Libraires du Palais-Royal.

1831.

SECONDE

LETTRE POLITIQUE

DE M. DE CORMENIN,

SUR LA LISTE CIVILE.

Pour les esprits accoutumés à creuser les matières législatives et à les retourner dans tous les sens, il n'y a pas de question qui se présente sous des rapports plus divers que celle de la liste civile et de la dotation de la couronne.

Sous le rapport moral, une trop grosse liste civile, flanquée d'une monstrueuse dotation, altère les mœurs du peuple par l'établissement d'une cour fastueuse, et elle offense les citoyens par l'inégalité trop disproportionnée des richesses.

Sous le rapport politique, elle ôterait à la royauté de juillet ses manières bourgeoises et sa face populaire ; au lieu d'un gouvernement à l'imitation du consulat, elle refait une monarchie à la prussienne ou à l'anglaise, et, dépouillant de ses domaines la nation, qui seule a la souveraineté, la majesté et la puissance, elle vous héberge et vous loge ridiculement notre royauté étriquée dans les prodigieux palais de Napoléon et de Louis XIV.

Sous le rapport constitutionnel, elle violerait la Charte par la perpétuité de la dotation; ou, se servant de ses énormes richesses, elle pourrait, aux mains de quelque Walpole, souiller de ses attouchemens la virginité politique de nos députés et de nos pairs, elle que l'on a vue au-delà du détroit marchander la liberté par la mise aux enchères des consciences dans le bazar législatif.

Sous le rapport administratif, elle souffre que la gestion des biens de la dotation reste sans surveillance publique, sans audition de comptes et sans responsabilité, et tandis que le service que les communes font avec l'argent de leur patrimoine, subit le contrôle de la cour des comptes, le service que fait la couronne avec l'argent du patrimoine et des sueurs de la nation, s'enfonce dans l'ombre et dans l'irresponsabilité.

Sous le rapport agricole et industriel, elle laisse de vastes habitations sans habitans ou sans établissemens d'utilité publique, trop de terres, de fermes, de landes et de parcs sans division et sans mobilisation, et trop de manufactures dans les mains du monopole.

Sous le rapport financier, d'un côté elle épuise le nécessaire du pauvre, pour fournir du superflu aux riches, et de l'autre elle enlève au commerce et à l'impôt des biens-fonds immenses, qui enrichiraient l'état et soulageraient le trésor, s'ils étaient aliénables et imposables.

Sous le rapport économique, elle ne peut grever les contribuables au profit du monarque qui est le premier fonctionnaire du royaume, sans que le budget ne confère à l'instant même aux autres serviteurs de l'état, par imitation et par justice relative, un traitement proportionnel.

Enfin, sous le rapport domanial et sous le rapport judiciaire, la loi de la liste civile présente, relativement à l'existence et aux conditions d'un domaine privé, aux effets de la donation du 6 août 1830, à la nature et à la permutation des apanages, à la distribution des services de la maison du roi, à la liquidation de la caisse de vétérance et de l'arriéré, et aux actions des fournisseurs et créanciers, une foule de questions que les changemens survenus dans la forme du gouvernement, les progrès de la civilisation, les besoins du trésor et la position particulière du roi et de sa famille rendent aussi neuves qu'ardues.

Ces questions méritent d'être étudiées avec d'autant plus de soin, que la liste civile étant votée pour toute la durée du règne, les erreurs qui seraient commises ne pourraient être réparées par le correctif des législatures annuelles, et aussi parce que les dispositions qui vont être prises au commencement de la nouvelle dynastie, s'appliqueront aux règnes suivans par l'entraînement de l'imitation.

Ce sont ces motifs qui m'ont engagé à discuter et à résoudre sommairement, dans l'ordre du projet de loi, les questions de droit qui en découlent, et qui, par leur nouveauté et leur intérêt, appellent les méditations des jurisconsultes et des chambres.

I. — « La dotation de la couronne est-elle perpétuelle » ou viagère ou périodique? »

Les domanistes de la maison du roi auraient voulu faire considérer la dotation de la couronne, tant en immeubles qu'en meubles, comme une substitution perpétuelle ; comme une dotation nationale plutôt réelle que person-

4

nelle, comme un grand majorat inextinguible et qui ne
pouvait prendre fin , soit par le décès du dernier mâle
de la dynastie régnante, soit même par l'avènement au
trône d'une dynastie nouvelle.

C'est dans ce sens, en effet, que dispose le sénatus-
consulte du 3o janvier 1810.

La loi du 15 janvier 1825 sur la constitution de la liste
civile de Charles X résout implicitement la question par
le silence qu'elle garde au sujet de la dotation de la couronne.

C'est aussi dans ce sens que l'exposé des motifs et le
projet de loi du 3 octobre 1831 distinguent les domaines
de la couronne des domaines de l'état, et qu'ils traitent
à dessein dans quatre chapitres séparés, de les dotations
de la couronne, du domaine privé, de l'apanage et de
la liste civile, et que, pour mieux l'envelopper, ils
jettent ces quatre mains sur la fortune publique.

Le ministère va jusqu'à dire qu'une dotation immobilière et mobilière est prédestinée à la royauté par la
loi, et qu'elle fait partie de ses prérogatives.

Il n'y a de prédestination et de prérogative que dans
l'imagination du ministère. Pourquoi la dotation de la
couronne serait-elle plus fermement assise que la dotation de la caisse d'amortissement, ou que la dotation des
autres services publics? Qu'est-donc que la royauté
constitutionnelle, sinon un service public? Est-ce que
la loi de la dotation serait une loi-charte? Est-ce qu'elle
serait même plus qu'une charte? Car la charte de 1814
est morte, et le ministère prétend que l'ancienne dotation vit encore. La charte de 1830 est pour le roi, qui l'a
jurée, la loi des lois. Or, la charte ne lui alloue qu'une

liste civile, c'est-à-dire, ainsi que le définit l'art. 10 de la section première, chapitre 2 de la constitution de 1791, une somme d'argent annuelle pour le paiement, viagère pour la durée (1).

Mais la charte ne lui assure de dotation ni mobilière, ni immobilière. Le peuple souverain qui pouvait donner ou refuser la couronne à Louis-Philippe, peut lui donner telle *dotation* qu'il lui plaira, ou ne lui en donner aucune. Le Louvre, les Tuileries, St-Cloud, Compiègne, Fontainebleau, Rambouillet, Versailles, tous les châteaux, les terres, les forêts, les prés, les rentes, les manufactures, diamans, perles, pierreries, statues, tableaux, musées, bibliothèques, tout, encore à l'heure où je parle, appartient à la nation, en propriété et en jouissance, sans exception, sans protestation, sans limitation, sans réserves ; c'est son bien, son droit, sa conquête.

La détraction *a posteriori*, comme la constitution *a priori*, implique la non perpétuité. Car, qui peut détacher une partie, peut détacher le tout ; qui peut détacher le tout, peut anéantir la dotation. Dès-lors plus de perpétuité.

C'est la conclusion logique.

Dans tous les cas, la nation n'abandonne que le domaine utile ou l'usufruit ; elle se réserve le domaine

---

(1) « La nation pourvoit à la splendeur du trône par une liste » civile, dont le corps législatif déterminera *la somme*, à chaque » changement de règne, pour toute la durée du règne. » Constitution de 1791, chap. 2, sect. 1, art. 10.

« La liste civile est fixée pour toute la durée du règne, par la » législature assemblée depuis l'avènement du roi. » Charte du 7 août 1830, art. 19.

éminent ou la propriété. C'est pour cela que les domaines de la couronne sont inaliénables et imprescriptibles, parce qu'ils ne peuvent se fondre ou s'altérer par la fraude ou la négligence du dotataire. Il en a la jouissance et non la disposition.

Voilà les principes du droit.

La raison politique justifie cette théorie.

Si le revenu de la liste civile, grossi par des incorporations successives, montait à des sommes énormes, et qu'avec l'auxiliaire des contributions indirectes, le roi pût suffire aux dépenses de sa maison et au gouvernement de l'état, il pourrait donc se passer de chambre.

Si la dotation était perpétuelle, elle pourrait s'accroître indéfiniment de règne en règne, au détriment de l'agriculture, de la population et de l'impôt. Elle multiplierait les prolétaires par l'engourdissement de la mainmorte; elle échapperait au contrôle des chambres par l'immobilité de son isolement : elle pourrrait, en d'autres temps, soudoyer, par l'énormité de ses revenus cachés, les infamies de la basse police, amortir les journaux et corrompre le parlement; elle pourrait offenser la morale publique et les intérêts de l'état, par le scandale des sinécures, la multiplication de ses employés et les dilapidations de ses intendans ; elle pourrait provoquer, comme en Angleterre, des allocations supplémentaires de crédit, pour ne pas laisser peser sur le prince l'insolvabilité de constructions dispendieuses.

Au contraire, avec une dotation viagère, la nation examine à chaque règne s'il lui convient, selon les besoins de la population ou du trésor, de retirer de la dotation, pour l'aliéner ou le démolir, tel palais dont l'immense réparation serait ruineuse, ou telle forêt trop épuisée, ou trop considérable, ou trop rapprochée des villes, qu'il faut vendre ou défricher. Elle examine si, à mesure que la pente irrésistible du siècle entraîne les nations de l'Europe vers les simplifications de la république, il convient de loger les rois-bourgeois dans les palais des rois-absolus ; s'il n'est pas à craindre que les pas des hommes d'armes ne retentissent à leur oreille lorsqu'ils traversent les hautes salles des gardes, et ne leur inspirent une violente envie de s'en faire accompagner ; si les souvenirs de la puissance arbitraire de leurs prédécesseurs ne travaillent pas dans leur tête, et s'il n'y a pas dans l'exercice de la souveraineté, même déléguée, une si grande défiance de la liberté, une si facile exagération du pouvoir, un si redoutable enivrement de soi-même, qu'il faut que la nation puisse toujours se placer en face du monarque, et qu'elle soit toujours prête à lui dire : Souvenez-vous que je vous ai fait roi ?

La perpétuité de la dotation serait donc inconstitutionnelle, irrationnelle, impolitique. Elle blesserait à la fois les termes de la Charte, les principes du droit et les intérêts de la nation.

Il y a plus : dans la rigueur des choses, la dotation ne peut participer à la viagérité de la liste civile ; car si une loi ordinaire ne peut toucher constitutionnellement, pendant la durée du règne, à la liste civile une fois fixée, parce que la Charte le défend, une loi peut toucher à la dotation simultanée de la couronne, parce que la Charte ne le défend pas.

Et il ne faut pas confondre la dotation immobilière avec la liste civile, dans l'acceptation de droit, car le sénatus-consulte du 30 janvier 1810, la loi du 8 novem-

8

bre 1815, la loi du 16 janvier 1825 et le projet de loi du 3 octobre 1831 distinguent ces deux choses-là.

Les deux décrets du 3 juin 1791, ne parlent pas d'une dotation viagère, mais d'une simple jouissance. D'ailleurs, la constitution de 1791 définit la liste civile, une somme d'argent, et non un bien meuble ou immeuble. Dans le doute, l'interprétation doit se faire au profit, non de la couronne, mais de la nation, avec d'autant plus de raison que la nation étant maîtresse de réduire le roi à un ou deux châteaux sans terres ni bois, c'est bien le moins, si elle se montre plus magnifique, qu'elle puisse prescrire les conditions et les limites de son octroi.

Ainsi donc, du système de la perpétuité, vous devez passer sans intermédiaire, au système de l'annualité facultative. Comment en effet une loi ne pourrait-elle pas ôter ce qu'une autre loi a donné ? Comment la législature actuelle aurait-elle la faculté d'enchaîner les législatures suivantes ? La condition de l'inaliénabilité des biens de la couronne ne résiste pas à cette interprétation; car les immeubles sont inaliénables et imprescriptibles, non pas à perpétuité, mais tant qu'ils restent dans la main du prince. S'ils en sortent par la puissance de la loi, ils redeviennent aliénables. Si un immeuble, par sa chute ou sa stérilité, devenait évidemment à charge au prince, il peut être avantageux à lui comme à l'état, de le rendre et de le restituer à la mobilisation.

Ce principe que je pose, et qui est à l'extrême point de la perpétuité de la dotation, impliquerait que si elle peut être diminuée par voie de détraction, elle peut être, légalement et à chaque législature, accrue par voie de concession nouvelle.

L'un de ces effets est la conséquence de l'autre. Au surplus, pourquoi ne pas se borner comme la constitution de 1791, à n'accorder qu'une somme d'argent ?

Mais la législature de 1831 a-t-elle, après et malgré quarante ans d'expérience, la vue aussi longue que la législature de 1791 ? Tant s'en faut.

II. — « Les départemens, arrondissemens et commu- » nes, pourront-ils se faire mettre en possession des » édifices et bâtimens actuellement occupés pour le ser- » vice de l'administration, des cours et tribunaux, et » de l'instruction publique, et qui seraient détachés, par » le nouveau projet de loi, de l'ancienne dotation de la » couronne. »

Le décret du 9 avril 1811, concédait gratuitement ces édifices aux départemens, arrondissemens et communes.

Tant que la couronne a eu dans sa dotation, qui était inaliénable, ces bâtimens et édifices, même sans en jouir, l'action des départemens et communes n'a pu s'exercer; mais la suspension du droit n'a pas détruit le droit.

Il y a, notamment à Versailles, plusieurs bâtimens affectés, moyennant une rente emphitéotique, au ser- vice de la mairie, du tribunal, et de la préfecture; ils tombent dans l'application du décret du 9 avril 1811.

Il en peut être de même des châteaux de Bordeaux, de Strasbourg, etc. C'est un point à vérifier.

III — « Doit-on dresser un inventaire des meubles et » immeubles de la dotation (1). »

---

(1) « Les meubles comprendront les diamans, pe les , pierreries, » statues, tableaux, pierres gravées, musées, b bliothèques, et

Le projet actuel n'en dit pas un mot.

Cependant le sénatus-consulte du 30 janvier 1810, le 1er décret du 3 juillet 1791 et la loi du 8 novembre 1814 l'ordonnaient.

Il ne faut pas oublier qu'il existe dans les palais, châteaux et bâtimens de la couronne, pour 32 millions de valeur en meubles meublans, tels que lits, argenterie, glaces, linge, fauteuils, draperies, rideaux, etc. !

Trente-deux millions de valeurs ! apparemment que cela passe par-dessus le marché et ne vaut pas la peine de figurer dans un projet de loi qu'on a mis quinze mois à mûrir et à rédiger.

Quant aux meubles qui comprennent les statues, tableaux, musées et bibliothèques, et qui sont d'un prix inestimable, on n'a eu également que quinze grands mois pour écrire dans la loi cette seule ligne : *Il en sera dressé inventaire*, et nous n'en faisons pas un reproche au ministère : il est évident que le temps lui a manqué.

Mais il faut espérer qu'il ne manquera pas aux députés pour demander, selon leur devoir, qu'il soit dressé un état estimatif des meubles susceptibles d'être détériorés par l'usage, et un état descriptif des meubles non-fongibles, ainsi que des immeubles, et que les états soient déposés aux archives des deux chambres, après avoir été certifiés et signés par un ministre responsable.

IV. — « Les bois de la couronne seront-ils assujétis, » pour leur aménagement et leur coupe, à des règles

---

» autres monumens des arts, contenus dans l'hôtel du garde-meu-» ble et les divers palais et établissemens royaux. Projet du gou-» vernement, art. 5. »

» particulières ? » (1.)

Il semble qu'il y a contradiction à laisser, d'un côté, régir exclusivement les bois par l'intendant de la couronne, et, de l'autre, à les assujétir aux aménagemens et coupes de bois de l'état.

Quelle peut-être, sur les bois du roi, la surveillance d'un agent forestier nommé par le ministre des finances qui est nommé par le roi ? J'ignore, mais j'affirme que jamais agent de l'état ne s'est avisé de critiquer la gestion des agens du roi ; et cependant il y a un argent immense à tirer des coupes de futaies. N'y a-t-il pas, d'ailleurs, mille moyens d'éluder la loi ? Enfin, lors même qu'on serait tenu de rendre une ordonnance spéciale, on a bien vite broché un bout d'ordonnance qui va s'enfouir, par extrait, dans les arcanes du Bulletin des Lois.

Ainsi, point de surveillance réelle et point d'ordonnance ; y en eût-il, *cui bono ?*

L'art. 86 du Code forestier place la gestion des bois de la couronne dans les mains du ministre de la maison du roi ; or, au lieu d'un ministre qui est responsable, nous aurons un intendant qui ne l'est pas.

Si l'état est propriétaire des forêts, et si le prince n'en est qu'usufruitier, pourquoi ne pas remettre en vigueur l'art. 592 du Code, qui porte : « L'usufruitier ne peut » toucher aux arbres de haute futaie ? »

Or, pourquoi l'état qui a, quoi qu'on en dise, des agens plus intelligens et plus habiles, n'exploiterait-il pas les forêts de la couronne, sauf à verser les produits des coupes dans les caisses de la liste civile ?

____

(1) « Les forêts de la couronne continueront d'être soumises aux » dispositions du Code forestier qui les concernent. » Projet du gouvernement, art. 13.

Il y aurait alors unité d'administration , régularité dans les aménagemens, augmentation de valeur et responsabilité effective.

V. — « Le roi pourra-t-il faire aux palais, bâtimens » et domaines de la couronne, tous les changemens, ad- » ditions ou démolitions qu'il jugera utiles? »

L'art. 15 du projet de loi résout cette question affirmativement; en effet, la faculté de travailler avec le marteau de la démolition, les immeubles de la couronne impliquait là perpétuité de la dotation, mais dans le système d'une dotation viagère, cette faculté serait une dérogation complaisante à tous les principes. Quels sont ces principes? Les voici :

La nation a la propriété des domaines de la couronne, et le roi en a seulement l'usufruit : le roi n'est donc qu'un usufruitier. (1)

Cela posé, quelles sont les obligations de l'usufruitier ? L'art. 578 du Code civil nous l'apprend : c'est, d'une part, de conserver la substance de *la* chose, et, d'autre part, c'est de jouir en bon père de famille.

Il suit de là que permettre au roi les changemens , additions ou démolitions qu'il lui plaira, c'est lui attribuer le droit non pas de simple usufruitier, mais de propriétaire, qui, d'après l'art. 544 du Code civil, peut jouir et disposer de sa chose de la manière la plus absolue.

Or, le roi n'est pas propriétaire; il n'est pas non plus dotataire perpétuel : il est simple usufruitier. Aussi, est-il remarquable que le sénatus-consulte du 30 janvier 1810,

---

(1) Quant à la jouissance des biens de la couronne, le roi ré gnant est, *en tout point*, assimilé à un usufruitier. Voyez Répertoire de Favard , tome III.

rendu sous l'empire, ni la loi du 8 novembre 1814, promulguée sous la restauration, ne disent pas un mot du droit exorbitant que le projet bénévole du ministère Périer confère au roi citoyen.

Le second décret, du 3 juin 1791, ne donnait même au roi constitutionnel qu'un simple droit d'habitation dans le Louvre et les Tuileries.

Il est donc contraire à tous les précédens, à toutes les règles de droit et aux intérêts de la nation, que le prince puisse démolir et changer à son gré les bâtimens et domaines de l'état.

Il aurait donc le droit d'effacer ces grâcieuses cariatides qui décorent la façade intérieure du Louvre, et que cisela le génie de Jean Goujon ! Il pourrait donc masquer la fameuse colonnade et convertir le parc de Versailles en jardin potager !

Si le ministre de l'intérieur avait l'administration des bâtimens de la couronne, et qu'il s'avisât de faire des choses pareilles, le ministre pourrait être atteint dans sa responsabilité ; mais le roi n'est pas responsable, et, dans la nouvelle liste civile, les biens de la couronne ne seront pas placés sous la direction et la sauve-garde d'un ministre responsable, mais sous l'administration d'un simple intendant.

C'est pour cela que, dans le système d'une dotation viagère, le roi ne devrait avoir sur les bâtimens qu'un droit d'habitation, et sur le reste des biens immeubles qu'un droit d'usufruit. Il faudrait aussi réserver la faculté d'établir par une loi, au profit du public, des servitudes de passage et autres, s'il y avait lieu, dans les bâtimens, parcs, jardins et enclaves des biens de la couronne.

VI. — « Les biens particuliers du prince qui arrive au
» trône sont-ils , de plein droit, dévolus et réunis au do-
» maine de l'état ? » (1)

C'était la disposition de l'édit d'Henri IV de 1566. Le
roi était censé contracter avec l'état un mariage indis-
soluble. La personne politique absorbait la personne civile. Trésor public, trésor privé , c'était même chose.
Dettes et biens, l'état prenait tout. Le roi c'était l'état.
L'état c'était le roi. Cette transformation royale était
conforme au génie de la monarchie absolue.

Il y avait dans cette fiction une sorte de grandeur. Il
y avait du moins de la rationnalité, de la logique.

Cette dévolution irrévocable n'était limitée que pour
les biens immeubles acquis depuis l'avénement à titre
singulier. Mais la gestion du fisc après l'expiration de
l'union décennale, sans disposition, emportait l'incorporation du bien au domaine de l'état.

D'un autre côté, l'inaliénabilité du domaine était le
seul obstacle qu'on pût alors opposer aux faibles entraînemens des princes et à la voracité des courtisans. C'é-
tait, dans ces temps éloignés, un remède contre les dilapidations. et une ressource pour l'état.

Mais la constitution de 1791 jeta de côté le vieux sys-

____

(1) « Les biens particuliers du prince qui parvient au trône sont,
de plein droit et à l'instant même, unis au domaine de la nation , et
l'effet de cette réunion est perpétuel et irrévocable. » (V. loi du
1ᵉʳ décembre 1790, art. 6 ; loi du 8 novembre 1814, art. 20.)
« Les biens particuliers que le roi possède, à son avènement au
trône, sont réunis irrévocablement au domaine de la nation. (V.
constitution de 1791 , art. 9.)

tème financier, décréta l'aliénabilité du domaine, et, distinguant l'état du prince, fit de celui-ci deux personnes : l'une publique comme roi, l'autre particulière comme citoyen.

Elle maintint, soit pour restituer d'immenses propriétés à la mobilisation, soit pour empêcher que le prince ne devînt trop puissant à force d'être trop riche, la dévolution immédiate, pleine et perpétuelle des biens particuliers que le roi possédait avant son avènement.

Mais, par compensation, elle reconnut que le magistrat politique n'absorbait pas entièrement le citoyen, et elle permit au roi d'acquérir et de posséder à titre privé, et de disposer, sous la condition limitative de l'incorporation nationale, des biens par lui acquis pendant son règne, et dont il ne se serait pas dessaisi avant son décès.

Nous ne parlerons pas du sénatus-consulte du 30 janvier 1810 qui créait à la fois une dotation permanente, un domaine privé et un domaine extraordinaire. Napoléon se souciait peu de se renfermer dans les bornes constitutionnelles; il voulait posséder, jouir, gouverner et disposer librement de tout pouvoir et de toute fortune, en propriétaire, en conquérant, en maître, en roi.

La loi du 8 novembre 1814, rétablit les principes de la constitution de 1791, sur l'union immédiate des biens antérieurs au domaine de l'état et sur l'acquisition, la jouissance et la disposition restrictive des biens acquis et possédés depuis l'avènement.

Le projet actuel du gouvernement semble avoir omis à dessein de s'expliquer sur l'union des biens antérieurs et sur la composition du domaine privé.

La règle de l'incorporation doit-elle subsister?

En droit, le prince, s'il est électif, sait la condition de son avènement. S'il est héréditaire, il y a présomption que les fruits de ses économies, converties en biens, sont tirées des deniers de l'état qui constituent la dotation de l'héritier présomptif.

Le prince est, avant tout, une personne politique, et ce sont des motifs purement politiques qui déterminent l'incorporation.

En fait, et dans l'espèce, le roi Louis-Philippe ne peut échapper à cette union, puisqu'elle a eu lieu sous l'empire de la loi du premier décembre 1790, et de la loi du 8 novembre 1814, dont la disposition, à cet égard, est claire et formelle. L'art. 70 de la charte réformée maintient les lois existantes, en ce qu'elles n'ont rien de contraire. Or, les lois de 1790 et de 1814 n'ont, en cela, rien de contraire à la charte ; donc elles existent ; par conséquent il faut les exécuter.

Peu importe que le roi soit héréditaire ou électif. Car, si Charles X, le duc de Bordeaux et le duc d'Angoulême étaient morts tout-à-coup en 1829, le duc d'Orléans, roi héréditaire, aurait vu tous ses biens privés réunis, de plein droit, au domaine de l'état.

L'élection du prince ne change donc, à moins d'une stipulation contraire, ni la nature des biens, ni les motifs politiques de l'union, ni l'application de la loi.

Ainsi, tous les biens que le roi possédait la veille de son avènement, et dont il n'a pas disposé, ont été, immédiatement après son serment qui l'a fait roi, réunis au domaine de l'état. Lui-même l'a reconnu, car pourquoi disposait-il de la nue-propriété ?

Au surplus, la question de savoir si, en théorie, il

valait mieux que les biens particuliers du prince continuent de lui appartenir, ou que sa personne civile meure, que sa succession s'ouvre et que ses héritiers soient l'état ou ses fils, est une question oiseuse à l'egard du roi actuel, puisqu'il ne peut échapper aux liens de la législation qui l'a saisi le premier jour de son règne.

Vue de plus haut, cette loi ne vaut rien si l'on peut l'éluder, comme on l'a fait, par un procédé plus légal que royal. A quoi servirait, en effet, le maintien d'une loi qu'il est si licite et si facile de frauder, à moins qu'on ne dise que la crainte de l'union forcerait le prince à disposer de ses biens avant d'être roi, et, par conséquent, à les mobiliser.

VII. — « Si le roi Louis-Philippe, avant de monter » sur le trône, n'a disposé que de la nue-propriété de » ses biens et qu'il s'en soit réservé l'usufruit, cet usu- » fruit sera-t-il atteint par le principe de la dévolution » nationale ? »

J'estime que, dans ce cas, l'usufruit est uni au domaine de l'état.

L'édit de 1556 parlait de réunion perpétuelle et irrévocable, parce qu'alors les biens de l'état étaient *inaliénables.*

Mais depuis la loi du premier décembre 1790, les biens de l'état ont été déclarés *aliénables.*

C'est donc par l'erreur d'une simple répétition de mots, que les rédacteurs de la loi du 8 novembre 1814 ont parlé d'une réunion *perpétuelle* et *irrévocable* des biens, même immobiliers. En vain, s'attachant à la lettre morte de la loi, dirait-on que ces termes : *incorporation perpétuelle,* excluent l'usufruit, qui est un droit tempo-

raire et accidentel; que l'incorporation s'entend d'ur
droit réel, de la chose elle-même et non pas du fruit d
la chose.

Selon nous, la perpétuité doit s'entendre du détache
ment de la personne du prince. Ainsi l'union des bien.
est perpétuelle par son irrévocabilité, à l'égard du roi
mais elle n'est que temporaire par son aliénabilité
l'égard de l'état.

Le mot *biens* peut-il s'entendre d'un simple *usufruit?*

Sans doute ce n'est pas ainsi que l'ont entendu le ministre des finances et la loi du 15 janvier 1825, sur la
liste civile de Charles X, qui n'a pas réuni à l'état l'usufruit des biens délaissés au duc de Bordeaux en nue-propriété. Cependant, d'un côté la loi du 8 novembre 1814
se sert du mot *biens*, expression générale qui comprend
toutes sortes de propriétés; de l'autre, le Code civil
entend par *biens*, l'*usufruit* comme le *fonds*. L'usufruit est
aliénable; l'usufruit est un *démembrement* de la propriété;
l'usufruit est *immeuble* par l'objet auquel il s'applique;
il est susceptible d'*hypothèque*; il peut se convertir *en argent*; il est une *propriété*, il est un *bien*.

Les motifs politiques de la dévolution ont été que le
prince pourrait, s'il était trop riche, se passer des autres
pouvoirs publics; démolir avec des biens qu'il pourrait
vendre, et dont il tirerait un immense capital, la constitution de l'état; laisser dilapider ses domaines, qu'il ne
pourrait plus surveiller; se servir de leurs revenus pour
corrompre les fonctionnaires, les juges et les grands
corps de l'état; chercher à accroître sa fortune particulière aux dépens de la fortune publique; consacrer à
l'entretien, à la réparation, à l'embellissement, à l'aug-

mentation de ses biens privés, les fonds de la liste civile et les revenus de la dotation, destinés à l'entretien des domaines de la couronne et aux dépenses de sa représentation; composer, sans l'intervention politique de l'état, un domaine énorme pour chacun de ses enfans, par les entraînemens de tendresse si naturels aux pères de famille; substituer enfin l'homme au prince et le père au roi.

C'est à tort que le ministre des finances et la chambre des députés ont laissé à Charles X l'usufruit de ses biens privés : le ministre, par faiblesse ou par connivence, la chambre de 1825 par prétermission; car elle n'a pas résolu la question nettement. Elle n'avait à s'occuper, en effet, que de la composition de la dotation de la couronne et de la fixation de la liste civile, et elle a pu laisser penser que si elle ne prononçait pas l'union de l'usufruit, c'est qu'elle était déjà faite à l'état par la force de la loi du 8 novembre 1814. sous l'empire de laquelle la disposition de la nue-propriété avait eu lieu.

La conséquence rigoureuse de l'union serait la répétition des arrérages de cet usufruit pendant cinq ans de règne de Charles X, et, par conséquent, la réalisation dans les caisses de l'état, sur les valeurs disponibles de l'ancienne liste civile, d'une somme de 2,500.000 francs d'arrérages environ; car il n'y a pas de prescription accomplie.

La question, comme on le voit, vaut bien la peine qu'on l'examine. Elle n'est pas cependant sans difficulté; car la loi du 15 janvier 1825 peut être interprétée dans deux sens différens.

La déchéance du trône équivaut elle à la mort civile,

et opère-t-elle immédiatement la consolidation de l'usufruit? Quel sera le sort de cet usufruit pendant la vie de Charles X, soit à l'égard de ses créanciers personnels, soit à l'égard de l'état, soit à l'égard du duc de Bordeaux, soit à l'égard de l'usufruitier lui-même? Ce sont là des questions d'un autre ordre, et qu'il n'y a pas lieu ici de traiter.

Il suffit de dire que le principe de la loi du 8 novembre 1814 s'applique, dans toute sa force et dans toute son étendue, à Louis-Philippe, qui ne saurait invoquer, comme Charles X, la loi spéciale de 1825, et qui, en disposant la veille même du 7 août, de la nue-propriété, a interprété dans notre sens la loi de 1814; car s'il n'eût pas craint d'être atteint par cette loi, pourquoi a-t-il fait sa donation ?

Peut-on, sans subtilité, dès qu'on reconnait le principe de la dévolution, soutenir que la nue-propriété, qui est un corps certain, mais une espèce de cadavre improductif, serait réuni si l'on n'eût disposé que de l'usufruit, tandis que l'usufruit, partie utile, seule utile, ne serait pas réunie, parce qu'on a seulement disposé de la nue-propriété ? N'y a-t-il pas aussi des immeubles par destination et par accession, comme il y a des immeubles par nature ? La loi ne distingue pas : l'état prend ce qu'il trouve jusqu'à concurrence des dettes, la propriété pleine ou la propriété usufruitière; il hérite de l'usufruit tant que l'usufruit dure. C'est là sa perpétuité. Qu'importe que l'usufruit ne soit que viager ! La dotation de la couronne aussi n'est que viagère; la liste civile aussi n'est que viagère.

Si le prince avait des rentes sur le grand-livre, quoique

ce soit un bien beaucoup plus nominal assurément, beaucoup plus incorporel qu'un usufruit, l'état les prendrait. Il s'attache à tout, à l'argent, aux rentes, aux droits actifs et passifs, aux choses mobilières et immobilières. Il suit la propriété dans toutes ses modifications. Les raisons politiques de la dévolution embrassent ces différens cas, et il serait indigne de tout honnête homme, d'un prince surtout, de les éluder par les exceptions et les subtilités de l'école.

Dans la rigueur du droit (et le ministre des finances ne doit connaître que le droit) il aurait dû, dès que Louis-Philippe a mis le pied sur la première marche du trône, s'emparer provisoirement, au nom de l'état, de l'usufruit des biens privés. S'il y avait eu résistance de la part de Louis-Philippe, pleinement dessaisi par la toute-puissance de la loi, le ministre des finances devait provoquer, à l'instant même, une solution législative ou tout au moins judiciaire. Si le ministre ne l'a point fait, il a négligé les intérêts de l'état, il a trahi ses devoirs, il a encouru la responsabilité.

La même solution s'applique avec plus de force encore à l'apanage qui, par l'effet de l'avènement, s'est trouvé éteint et amorti, au profit de l'état, dans la personne du roi, dernier titulaire.

En même temps que la dévolution de l'apanage avait lieu, en droit, la main mise nationale aurait dû avoir lieu en fait; les officiers de l'apanage ne pouvaient conserver leur gestion provisoire qu'avec l'autorisation spéciale du ministre des finances, et à charge par eux de verser les produits dans les caisses de l'état et de rendre compte.

Voilà la loi, et lorsqu'il s'agit de son exécution, le ministre doit être plus sévère envers le roi qu'envers le dernier des citoyens.

VIII. — « Le roi aura-t-il un domaine privé? De quels » élémens sera-t-il? lui interdira-t-on les acquisitions à » titre gratuit, et les dispositions à cause de mort? (1) »

Les partisans du domaine privé disent :

La loi du 1er décembre 1790, le sénatus-consulte du 30 janvier 1810, et la loi du 8 novembre 1814, autorisaient le domaine privé.

Le roi a deux qualités : comme fonctionnaire, il jouit d'une liste civile et d'une dotation; comme citoyen, il doit pouvoir acquérir, jouir et disposer selon les conditions et dans les limites du Code. Ne peut-il être un pouvoir dans l'ordre politique, sans être un paria dans l'ordre civil? Ne vaut-il pas mieux qu'il acquière que d'amasser et de dissiper ses revenus? Ne vaut-il pas mieux qu'il dote lui-même ses filles que de les faire doter par l'état? Réunir à l'état les biens qu'il possédait, n'est-ce pas le frapper de confiscation, lui seul, entre tous les Français? Lui interdire de disposer par testament, n'est-ce pas le priver d'un faculté que la loi accorde au moindre des citoyens? L'affranchir des prohibitions du Code civil, n'est-ce pas lui permettre d'avan-

____

(1) « Le roi, comme propriétaire de son domaine privé, peut » en disposer librement, soit par actes entre-vifs, soit par testa- » ment; s'il vient à décéder sans en avoir disposé, soit par acte » entre-vifs, soit par testament, son domaine privé appartiendra de » droit à l'état. » Voyez le projet du ministère, art. 17.

tager un de ses enfans aux dépens des autres, et blesser ainsi le droit des tiers, sans nécessité et sans justice.

Je répondrai qu'en montant sur le trône, le prince change de fortune, de nom, de mode, d'existence; il se transforme; il cesse d'être une personne, il devient un pouvoir : il n'est plus citoyen, il est roi. Son travail, c'est de régner; son bien, c'est la liste civile; sa famille, c'est la nation.

S'il avait de trop grands immeubles, l'état souffrirait à la fois, et de leur concentration et de leur dilapidation. S'il était trop riche, il pourrait corrompre une législature vénale, soudoyer la presse ou l'amortir; si le revenu des biens privés qui lui adviendraient par héritage ou par acquisition, excédait toute mesure, les chambres ne pourraient pas réduire proportionnellement la liste civile, qui est votée pour la durée du règne; en un mot, il ne faut pas trop distinguer le prince du citoyen, de peur que le citoyen n'absorbe le prince.

Mais on dit : Si le roi ne peut acquérir et posséder au soleil, il acquerra et possédera à l'ombre. Il thésaurisera, et les espèces ne seront pas versées dans la circulation. Il placera dans les fonds étrangers, et l'argent de France sortira de France. Il achètera, pour ses fils ou ses filles, sous des noms supposés, parce qu'il faut bien que l'amour paternel trouve quelque part une issue; et l'état se verra obligé de doter ses fils et ses filles, riches en réalité, pauvres en apparence. Le remède, quel est-il ?

Le remède ? Il est simple. Donnez de la liste civile juste ce qu'il faut pour que le roi puisse vivre avec dignité et non avec mollesse ; jouir des munificences de la nation et non altérer ses libertés ; dépenser, et non thésauriser. Faites que l'argent de la police ou des jeux, ou de toute autre sentine impure, ne passent point, pour les souiller, dans les mains du prince.

Alors vous n'aurez guère à craindre ni les fraudes de la loi, ni les contre-lettres, ni les placemens clandestins, ni les suppositions de noms, ni les accumulations de capitaux, ni les exportations de numéraire, ni toutes les ruses de la cupidité stimulée par la prohibition.

Il ne faut pas que le sort de ses enfans inquiète le roi ; la France s'en charge : c'est notre bien à tous, c'est notre commune famille.

Ma conclusion, à peine ai-je besoin de le dire, est qu'il ne doit pas y avoir de domaine privé.

Toutefois, si l'on admet un domaine privé, on peut le limiter dans sa composition et dans sa disposition.

Dans sa composition, en interdisant au prince de recevoir par donation entre-vifs, par testament et par succession, et en bornant le pécule royal aux acquisitions de meubles ou d'immeubles par voie d'achat, ou de placemens sur rentes ou par hypothèques.

Dans sa disposition, en ne lui permettant que des legs rémunératoires, l'état ne pourrait hériter qu'à la charge d'acquitter les legs, de purger les hypothèques, et de payer toutes les dettes, jusqu'à concurrence.

Il va sans dire que les enfans représenteraient leur père à l'égard des successions d'échûtes, comme s'il était mort.

IX. « S'il n'y avait de domaine privé, que les biens » donnés en nue-propriété, le 6 août 1830, est-ce l'état ou » les enfans de Louis-Philippe qui les recueillerait ? »

Si la loi annullait la donation, elle confisquerait la nu-propriété sur les enfans au profit de l'état.

Si elle éteignait l'usufruit, elle investirait les enfans des biens-immeubles du père ; elle romprait un contrat, et elle manquerait ainsi à la fois à son but politique, aux intérêts de l'état, et aux prévisions du père de famille.

Mais comme l'usufruit appartient rigoureusement à l'état, d'après l'art. 6 de la loi du 1er décembre 1790 et l'art. 20 de la loi du 8 novembre 1814, quel inconvénient y aurait-il à la réunir à la dotation de la couronne, qui n'est elle-même qu'un usufruit, sauf à précompter le revenu de cet usufruit sur le montant de la liste civile ? aucun.

De la sorte, on maintiendrait le principe de la révolution, les stipulations du contrat, les convenances du donateur et les limites du chiffre.

X. — « Le roi a-t-il pu, dans la donation du 6 avril » 1830, priver le duc d'Orléans, son fils aîné, de sa por- » tion légitimaire ?

» Compéterait-il quelque action en retranchement ou » autre, soit au duc d'Orléans, soit à ses frères et sœurs, » relativement à la disposition que le roi ferait des biens » acquis depuis son avènement, et tombés dans son do- » maine privé ? »

Il faut distinguer :

Le roi, avant son avènement, n'était qu'un simple citoyen. Il n'a pu disposer que comme disposent les autres particuliers, d'après les règles et les exceptions du code civil. Si le duc d'Orléans se trouvait au nombre des donataires, il pourrait disposer de sa quote-part dans la nu-propriété, en faveur d'un tiers.

La question serait de savoir si, devenu roi, l'état jouirait, pendant sa vie, de l'usufruit recueilli au décès du roi actuel, ou si cet usufruit se consoliderait à la nu-propriété, par l'effet de l'avénement, entre les mains du tiers acquéreur.

Mais laissons cette hypothèse, et voyons le fait.

En fait, la donation du 6 août 1830, faite aux puinés, embrasse la totalité des biens. Donc le duc d'Orléans conservera son action en réduction jusqu'à concurrence de sa portion légitimaire. Mais, comme cette action ne pourra s'exercer qu'au décès de son père, et qu'alors et simultanément lui-même sera roi, les biens compris dans le résultat de cette action, se trouveront réunis de plein droit au domaine de l'état, à moins qu'on ne soutienne que la dévolution subite du trône a fait disparaître la personne civile, et, par conséquent, la puissance et les utilités de l'action dont les puinés hériteraient exclusivement, tant pour les biens que pour les indemnités apanagères.

C'est, au surplus, une question neuve et ardue qui s'agiterait devant les tribunaux, s'il y a lieu, entre l'état et les puinés.

Il n'en est pas de même des biens acquis par le roi depuis son avénement, et qui composeraient son domaine privé.

La loi, qui pourrait et devrait, selon nous, interdire au magistrat royal, par des motifs politiques, la faculté d'acquérir, de jouir et de disposer, peut attacher, par la force des mêmes motifs, à cette disposition et à cette jouissance, des conditions extraordinaires et spéciales; ainsi, par exemple, la loi peut établir que, dans les dispositions de ses biens privés, l'état ne sera lié par aucune des prohibitions du Code civil, tant des puinés aux tiers, que de l'aîné aux puînés. Le roi peut tout délaisser à des tiers par testament ou donation, au préjudice de ses enfans, où à l'aîné au préjudice des puinés. Nulle limitation à ses dispositions; nulle action en retranchement contre elles, de la part de qui que ce soit: nul droit successorial, parce qu'il n'y a pas d'héritage. Les biens laissés tombent en deshérence; l'état les recueille (1).

Cette faculté tout exceptionnelle, cette dérogation au droit commun, est fondée sur ce que les princes sont les enfans de l'état, qui les établit et les dote. Ils doivent se confondre et s'incarner dans l'état, dont ils sont les membres les plus intimes, et qui constitue leurs lares, leurs dieux, leur vraie famille, leurs affections, leur fortune. Il y a dans cette disposition de la vérité et de la grandeur.

En échange de cette dotation mobilière, de cette adoption nationale de ses enfans, le roi, déchargé par la munificence de l'état, de la prévoyance du père de famille, peut disposer envers des tiers, et suivre sans contrôle et sans limites, des inspirations de sa bienfaisance ou de sa générosité. Il peut ne pas vouloir ajouter des biens immenses aux biens de ses enfans; mais s'il

____

(1) C'est dans ce sens, même extensif, que l'art. 17 de la loi du 1er décembre 1790 portait : « Les fils puinés de France et leurs en- » fans et descendans ne pourront, en aucun cas, rien prétendre ni » réclamer dans les biens meubles ou immeubles laissés par le *roi*, » *la reine et l'héritier présomptif* de la couronne. » Cette précaution politique devrait être remise en vigueur.

n'a pas disposé, l'état, pour qu'il n'y ait pas de double emploi, retire à lui les biens que, sauf quelques cas rares d'hoirie ou de dotation, le roi est sensé n'avoir achetés qu'avec les deniers de la liste civile. Ce retour à l'état des biens acquis avec son argent, est donc plus naturel qu'il le paraît au premier coup-d'œil, et l'équité se joint à la raison politique pour le justifier. (1).

Y aura-t-il un domaine extraordinaire ? (2)

Je retrancherais l'article, parce que la supposition d'un domaine extraordinaire est injurieuse, étant impossible. En effet, le roi-citoyen n'a pas et n'aura pas un seul garde-du-corps ; il ne paie pas et il ne paiera pas de ses propres deniers un seul soldat. Les armées ne sont plus les armées du roi, mais les armées de la nation : le sang de la France n'appartient plus qu'à la France ; les conquêtes de la France ne seront plus que celles de la France ; les domaines de l'état ne tomberont jamais dans la fortune privée d'un homme, quel qu'il soit. Si quelque ministre courtisan volait les fruits de la guerre ou les propriétés de la nation, pour en composer à son maître un domaine extraordinaire, il serait accusable à la fois de trahison et de concussion. Ainsi, la

______

(1) C'est dans ce sens que la loi du 1er décembre 1790 portait : » Les biens que le prince acquiert pendant son règne, à quelque » titre que ce soit, sont de plein droit et *à l'instant même* réunis » au domaine de l'état. »

(2) Projet du gouvernement, art. 19 : « Il ne sera plus formé de domaine extraordinaire. »

responsabilité des ministres inutilise l'article : rayons-le donc.

XI. « En thèse générale, les apanages subsistent-ils ?

» L'apanage d'Orléans ressuscité par la loi du 15 janvier 1825, n'est-il pas éteint par l'avènement de Louis-Philippe ?

» Doit-il renaître dans la personne de l'héritier présomptif ? »

1° Les apanages sont la constitution alimentaire des branches cadettes. Ils s'éteignent lorsque la branche cadette arrive à la couronne ;

Dans le premier cas, c'était le roi qui dotait ses parens.

Dans le second cas, c'est l'état qui dote le roi et ses enfans.

Les lois de la révolution ont supprimé les apanages immobiliers, parce qu'elles supprimaient les majorats ; parce qu'elles consacraient le principe de l'aliénabilité du domaine ; parce qu'elles voulaient restituer à la mobilisation et à la division les grands biens frappés de substitution et d'inaliénabilité par la nature et l'objet de leur constitution même.

2° C'est au domaine de l'état, dont l'apanage d'Orléans était un démembrement, que le retour légal doit s'opérer, et non à la dotation de la couronne.

Ainsi, il faut d'abord reconnaître, en principe, la dévolution nationale de l'apanage d'Orléans.

Si ensuite, au lieu de l'aliéner, pour diminuer la masse des biens morts, on le réunit, quant à la jouissance, à la dotation déjà trop considérable de la couronne, il n'en aura pas moins perdu sa nature apanagère, et la liste civile, dont ses ressources accroîtront le chiffre, devra être diminuée d'autant (1).

3° L'apanage ne doit pas renaître entre les mains du duc d'Orléans,

Parce que les lois constitutionnelles de la révolution, un moment suspendues par la faveur, ont aboli les apanages réels;

Parce que l'apanage d'Orléans, par l'avènement de la branche cadette au trône, a fait irrévocablement retour au domaine de l'état;

Parce que l'apanage ne devait se confondre avec la dotation de la couronne que dans la prévision de la permanence de cette dotation;

Parce que, selon que le roi aurait des enfans mineurs ou majeurs, mariés ou célibataires, garçons ou filles, vivans ou décédés, la liste civile, par une fluctuation bizarre, aurait tour à tour et tantôt trois millions de moins, et tour à tour et tantôt trois millions de plus;

Parce qu'un apanage de trois millions est un fardeau trop lourd pour un prince de vingt ans, élevé dans la simplicité du collége et dans les mœurs d'un citoyen;

---

(1) « L'ancien apanage d'Orléans, constitué en 1661, 1672, » 1692, ainsi que la petite forêt d'Orléans, qui en faisait originai- » rement partie, formera la dotation de la couronne, quand le » prince royal se mariera, ou quand il aura atteint l'âge de dix- » huit ans.

« Quand il n'y aura pas d'héritier mâle, quand cet héritier n'aura » pas dix-huit ans, l'apanage se confondra avec la dotation de la » couronne, et n'en sera détaché de nouveau que dans les cas ci- » dessus énoncés. » *Voy*. Projet du gouvernement, art. 20.

Parce que l'histoire de l'antique monarchie, et même de la restauration, fait voir que l'héritier présomptif doit rester dans la dépendance étroite du roi, et surtout un fils de son père. Nous avons eu assez de cours de collatéraux, assez de conspirations de camarillas, assez de corruptions secrètes qui ont jeté le trouble dans l'ancienne France, dans le gouvernement constitutionnel et dans les chambres.

Le roi est sacré, parce qu'il est plus qu'une personne; il est un pouvoir. Toute personne qui n'est pas le roi n'est qu'un simple citoyen, même l'héritier présomptif.

Nous ne verrons plus, nous l'espérons du moins, se reconstituer ces fastueuses maisons de princes et de princesses, qui seraient une véritable anomalie avec la révolution de juillet, disons plus, un scandale, et qui affaibliraient la confiance et le respect des peuples pour la nouvelle dynastie : c'est de sa simplicité, de sa modestie, que la famille royale doit tirer son éclat, et, en vérité, j'ai beau me creuser monarchiquement la tête, je ne crois pas que la Charte de 1830, ou toute autre, fût en danger de mort, parce que M. le duc d'Orléans ne serait pas tout-à-fait aussi riche que M. le comte Roy ou que M. le baron Rothschild.

XII. « Y a-t-il lieu de réunir la petite forêt d'Orléans » à l'apanage qui fera partie de la dotation de la cou- » ronne? »

Cette forêt, acquise par le roi Louis VII, en 1154, est-elle, en tout ou en partie, un démembrement de l'apanage? Cela est douteux. Il paraîtrait qu'elle appartenait à l'abbaye Saint-Benoît-sur-Loire; qu'elle n'était grévée que d'un droit de gruerie envers le roi; que ce droit se serait éteint, soit par l'effet des lois abolitives de la féodalité, soit par la confusion qui s'est opérée entre les mains de l'état, de la qualité de créancier du chef du roi, et de débiteur du chef de l'abbaye, que l'état représentait simultanément; que cette forêt n'a pas été remise au duc d'Orléans, ni en 1814, ni en 1825; enfin que l'état doit en jouir et qu'il en jouit.

Pourquoi donc réunir cette forêt à l'apanage? Pourquoi? c'est qu'elle contient 3,627 arpens, et qu'elle produit 30,000 francs de revenus. Dépouiller l'état pour enrichir le prince, est-ce une raison suffisante? Je n'en sais rien; mais qu'en dit-on?

XIII. « Les récompenses stipulées pour améliorations,
» dans les actes constitutifs de l'apanage d'Orléans, et
» dont le roi a fait le délaissement à ses enfans par l'acte
» de donation du 6 août 1830, peuvent-elles être répé-
» tées aujourd'hui même? »

Il faut distinguer.

Les indemnités d'amélioration qui seraient antérieures à la révolution de 1793 ne peuvent être répétées, parce qu'il y a eu confusion dans la personne de l'état qui, pendant l'émigration de l'apanagiste, représentait à la fois le créancier et le débiteur. L'effet de cette confusion a été maintenu envers les émigrés relativement à leurs créances sur l'état, soit par les lois générales et spéciales de la révolution et de la restauration elle-même, soit par la jurisprudence invariable du conseil-d'état, soit par les arrêts de la cour de cassation.

De plus, ces indemnités constituaient une créance sur le trésor, qui prenait ouverture le jour même où l'apanage prenait fin. A la vérité, l'action, par force majeure, n'a pu être exercée en temps utile; mais le droit lui-même, malgré l'exercice possible de l'action, se serait trouvé périmé; car la déchéance la plus universelle, la plus absolue, la plus irrévocable, a été prononcée par toutes les lois de finances qui, depuis 1810, se sont succédées et confirmées contre toutes les créances sur l'état antérieures au 1er vendémiaire an 9, quels que fussent leur origine, leur nature, leur légitimité, leur titre et leur porteur.

Si donc la créance dont il s'agit échappait à la confusion, ce serait pour retomber dans les liens de la déchéance.

L'une et l'autre de ces exceptions atteignent à la fois l'action et le droit.

Quant aux améliorations qui se seraient effectuées pendant la main-mise nationale, c'est au profit de l'état seul et contre l'apanagiste, que pourraient s'exercer les répétitions.

Restent les améliorations de l'apanage, postérieures à 1814.

Inutile de rechercher si l'action apanagère en indemnité n'a pas revécu par la force de la loi du 15 janvier 1825.

L'équité, à défaut de stipulation, exigerait que l'état, dès qu'on ne peut opposer ni confusion ni déchéance, ne rentrât point dans la pleine propriété de l'apanage, sans faire compte des augmentations de consistance ou de valeur. La prévision de ces récompenses engageait l'usufruitier à mieux entretenir, à embellir, à améliorer et à accroître l'apanage. La stipulation était

sage, et l'indemnité est due. Mais à quelle époque s'ou-
vrira-t-elle ? (1)

Au décès du roi. En effet, si le roi conserve l'usufruit
de l'apanage, il jouirait du capital de l'indemnité li-
quidée, indemnité presque exclusivement afférente au
Palais-Royal.

Or, il est évident que le roi ne peut cumuler dans ses
mains l'usufruit de la chose améliorée et l'usufruit du
prix d'amélioration.

D'où il suit que l'action des enfans donataires ne peut
s'ouvrir qu'au décès du donateur, c'est-à-dire à l'instant où l'usufruit se consolidera dans leurs mains à la
nue-propriété.

Si, comme il le paraît, la donation du 6 août 1830
comprenait des actions éventuelles sur le trésor, en répétition des créances antérieures à l'an 9, il est bon d'a-
vertir les donataires ou leurs tuteurs, que l'action est
prescrite et le droit nul.

XIV. « La loi sur l'établissement de la liste civile
doit-elle porter que l'état dotera le prince royal et les
puînés ? » (2)

____

(1) « La propriété de la partie apanagée ne pourra être réunie au
» domaine de la couronne, que sauf l'indemnité de droit, telle
» qu'elle est réservée dans l'acte constitutif dudit apanage.» (Voir
projet du gouvernement, art. 21.)

(2) L'article 16 de la loi du 1er décembre 1790, portait : « Il ne
sera concédé, à l'avenir, aucun apanage *réel.* »La Charte de 1814,
la loi du 8 novembre 1814, et la Charte de 1830, n'ont point
abrogé cette sage disposition. Aux termes du même article 16, les
puînés devaient être élevés et entretenus aux dépens de la liste
civile, jusqu'à leur mariage ou jusqu'à ce qu'ils eussent atteint
l'âge de 25 ans accomplis.

En thèse,

La loi actuelle ne doit pas régler ce qui touche, soit un autre règne, soit d'autres personnes que le roi.

Cette autre loi, s'il nous était permis d'en enseigner l'esprit et les dispositions, devrait poser en principe, comme conséquence à la fois de l'abolition du domaine privé et des apanages immobiliers, que l'état dote les enfans du roi; et secondement, que les apanages immobiliers ne pourront jamais, sous aucun prétexte, être rétablis.

Cette loi devra veiller à ce que la substitution des apanages ne jette point de trop grands biens dans la main-morte, à ce que la construction de trop grosses fortunes ne blesse pas l'égalité des autres citoyens, et à ce que des maisons et des camarillas princières ne troublent pas l'harmonie des pouvoirs constitutionnels et le repos de l'état.

Il faut que la dotation en argent du prince royal et des puînés soit suffisante mais modeste, comme il convient à des citoyens d'un état libre. Il faut, puisque la Charte n'alloue de liste civile permanente qu'au roi seul, que cette dotation soit votée annuellement par les chambres, de même que tous les autres services publics, de même que les dépenses les plus sacrées du trésor, afin que les princes soient retenus sans cesse, par l'annualité de ce vote, sous l'obéissance du roi et de la nation.

XV. « Le service de la caisse de vétérance et la reprise

» des valeurs de cette caisse doivent-ils passer à la nou-
» velle liste civile ? » (1)

L'article 17 de la loi du 8 novembre 1814 n'accordait de pensions de retraite que sur les retenues des traite-mens et gages.

L'ordonnance d'exécution du 3 décembre 1814 a établi sous la responsabilité du ministre de la maison du roi, le fonds de la caisse de vétérance, qui se composait :

1° D'une retenue de 3 p. 100 sur les traitemens ;

2° D'un demi p. 100 sur tous les paiemens faits par le trésor de la liste civile ;

3° Du produit de la vente de tous les objets détériorés par l'usage.

Tout pensionnaire devait justifier :

1° De 30 ans de services, ou de 25 ans de services et de 30 ans d'âge ;

2° De 10 ans de services après infirmités ou suppres-sion d'emploi.

La caisse n'a dû commencer à servir de pensions qu'en 1824.

---

(1) « Les pensions ne subsisteront qu'antant qu'elles auraient
» été accordées à des employés de la maison du roi et assignées sur
» un fonds provenant des retenues faites sur leurs appointemens. »
(Projet du gouvernement , art. 9.)

« La liste civile recueillera toutes les valeurs appartenant à la
» caisse des retraites , dite des vétérans, créée en vertu de l'art.
» 17 de la loi du 8 novembre 1817, et elle restera chargée d'ac-
» quitter les pensions qui sont ou seront liquidées à la charge de
» cette caisse. » (Même projet , art. 10.)

Elle possède une inscription sur l'état de 176,000 fr. de rentes.

Cela posé, question de savoir si la nouvelle liste civile doit hériter de la caisse de vétérance.

En principe, les règnes ne doivent pas s'enchevêtrer l'un dans l'autre, et surtout les dynasties. Donc, point de solidarité entre les deux listes civiles. Chaque roi peut garder ou renvoyer les serviteurs, gagistes et employés de ses prédécesseurs. Il est personnellement délié du paiement de toute pension antérieurement constituée, quelle qu'elle soit. Il est le gardien des retenues pendant sa vie et leur administrateur, sous les conditions passées avec les employés. A son décès, son successeur rend le dépôt. Ce dépôt est la propriété des employés. S'il y a contestation entre eux, cette contestation est, comme toute autre question de propriété, du ressort des tribunaux.

Est-ce que la liste nouvelle pourrait vendre, comme le suppose le projet de loi, des valeurs qui ne sont pas siennes? A-t-elle mandat des propriétaires? Qui lui a permis de manutentionner ses fonds? Pourquoi ferait-elle ce que ne peut faire la loi, car la loi ne peut, sans injustice, toucher, au profit d'un tiers, à la chose d'autrui?

Les employés restans peuvent avoir intérêt à cet héritage. Mais les employés sortans n'en ont pas. D'abord, les fonds nouveaux seront moins abondans, parce qu'il y aura moins d'employés. Deux des sources de revenus peuvent se tarir. Car on ne peut obliger le roi à donner un *quantum* sur le produit des paiemens et des recettes. Ensuite, le montant des retenues peut n'être, pour les nouveaux employés, que de 2 p. 100, tandis qu'il était de 5 p. 100 pour les anciens. Qui veillera, dans l'intérêt de ceux-ci, à la gestion de la caisse ? Il y avait jadis un ministre responsable. Aujourd'hui il n'y en a pas.

S'il y a eu des excédans de pensions, c'est que les conditions de la loi et de l'ordonnance n'ont pas été remplies ; eh bien ! c'est le cas, selon justice, de les réviser, et, s'il y a lieu, de les réduire.

S'il y a eu des détournemens de fonds, c'est le cas de réserver aux pensionnaires leur action en restitution contre les administrateurs de la caisse.

S'il faut demander à l'état des fonds supplémentaires, on y regardera de près. Le ministre des finances est responsable, il en doit compte. Il y aura publicité. Les chambres interviendront. L'arbitraire sera recherché et la dilapidation punie.

Si, au contraire, on laisse opérer la liquidation par la nouvelle liste, elle se fera par ménagement et par compérage, dans l'ombre, sans publicité, sans contrôle. L'état sera grévé, sous les plus beaux prétextes, par un appel de soins auxiliaires.

Ce qu'il y a de mieux à faire, c'est de liquider, conformément à la loi et à l'ordonnance, en présence des syndics des titulaires, dans les limites des deniers en caisse. S'il y a eu dilapidation, le recours est réservé, devant qui de droit, aux intéressés, contre les anciens agens de la liste civile ou sur les autres valeurs disponibles de cette liste. L'état, comme tout dépositaire, ne doit pas un sou au-delà de ce qui est dans ses coffres. La loi, à cet égard, est claire et précise. Au surplus, c'est tout ce que demandent et que peuvent demander les employés.

Une liquidation légale, mais rigoureuse, réduira de beaucoup la dette, et cependant le ministère demandait pour l'acquitter 860,000 francs l'an dernier. Aujourd'hui, c'est un million qu'il lui faut. De plus, il y a en caisse 176,000 fr. de rente.

Ainsi, voilà près de 1,200,000 fr. de pensions qui grèveraient la seule caisse de vétérance ! tandis que les pensions civiles pour toutes les administrations financières du royaume, les douanes, les postes, la loterie, les domaines, les contributions directes et indirectes, la justice, la police, l'intérieur, les préfectures, les ponts-et-chaussés, etc., ne montent qu'à 1,700,000 fr.

Il faut ajouter que la liste civile était déjà surchargée de 6 millions de pensions de faveur, 2,500,000 fr. au moins seront reportés sur l'état. Faites donc de grosses listes civiles !

Nous périssons par l'excès des pensions et des sinécures. Il faudra nécessairement ou faire banqueroute, ou réviser les pensions et abolir les sinécures.

La liste nouvelle ne demandait pas mieux que de se charger des vétérans pour un million annuel pendant la durée du règne, indépendamment des 176,000 fr. de rente encaissés.

Je le crois bien. Les vétérans meurent l'un après l'autre, mais le précieux million ne meurt pas; mais les 176,000 fr. de rente sont bons à prendre, et surtout à garder. En sorte qu'à chaque pensionnaire qui s'en va dans l'autre monde, ce serait tout gain pour la couronne. Par suite des extinctions et des révisions, au bout de peu

d'années, un actif de plus, tout service fait, s'ajoute-
rait au chiffre déjà si énorme de la liste civile.

Ainsi, lorsqu'on demande à servir les pensions, on
fait semblant de pleurer d'un œil pour les vétérans qui
repoussent votre sensibilité et vos offres, et l'on rit de
l'autre œil pour la liste civile, qui y trouve son profit.
Voilà le fond du calcul, de l'argent, de l'argent !

XVI. « La liste civile sera-t-elle divisée en deux par-
» ties : l'une employée aux dépenses de la maison du
» roi, et dont il ne devra aucun compte ; l'autre, affec-
» tée à des services publics et employée en subventions
» de théâtres, pensions d'artistes et d'hommes de let-
» tres, direction des beaux-arts, et constructions mo-
» numentales, dont les agens du roi rendraient un
» compte moral, qui serait publié, ou qui serait soumis
» annuellement à la cour des comptes ? »

L'idée de ce partage de la liste civile en deux services
distincts, a pour objet d'empêcher le gaspillage de ses
deniers par les gens de cour, et d'attacher à l'emploi
des fonds une garantie morale, rassurante à la fois pour
le roi et pour le pays.

Le but est louable. Mais le moyen est-il constitutionnel ?

Conçoit-on un simple intendant à la tête d'un service
public ? Se figure-t-on un roi directeur de spectacles et
entrepreneur de bâtimens ? Qu'est-ce qu'un roi compta-
ble ? Qu'est-ce qu'un compte moral ? Qu'est-ce qu'une
discussion de préférence ? Y aura-t-il affectation d'emploi ? Y aura-t-il publicité ? Par quelle voie ? S'il y a dé-
tournement de spécialité, qui sera responsable, et de-

vant qui? Et s'il n'y a ni spécialité, ni publicité, ni responsabilité, qu'est-ce qu'un compte?

Le soumettra-t-on annuellement à la cour des comptes? Mais, s'il n'y a pas publicité, à quoi bon? S'il y a publicité, il faudra qu'il y ait contrôle. Or, la cour des comptes, d'après son institution, n'exerce aucune juridiction sur les ordonnateurs. Elle se bornera à vérifier la régularité matérielle des pièces comptables. Qui pourra distinguer ce qui serait de construction monumentale et qui serait de réparation, et, par conséquent, ce qui serait sujet à compte et ce qui n'y serait pas sujet? Qui donc aussi contrôlera les ordonnateurs? Les chambres? non. La presse? vous l'avez dit.

Or, le roi voudra-t-il? On nous dira, en son nom, que le roi exerce un patronage discrétionnaire, une dictature de bienfaisance; qu'il peut dispenser ses trésors comme et à qui il lui plaît, et qu'on n'a rien à y voir.

Prétextes arbitraires, raisons de courtisan. Je connais un autre moyen de mettre ces deux opinions d'accord : c'est de ne pas remettre au roi de service public; c'est de lui ôter cet héritage inconstitutionnel de l'empire et de la restauration; c'est de ne pas le mêler dans les querelles des coulisses, des artistes et des maçons; c'est de se souvenir que les ministres seuls administrent, décomptent et répondent; c'est de confier les théâtres à la gestion municipale, les constructions au ministre des travaux publics, les beaux-arts et les musées au ministre de l'intérieur; c'est de laisser les subventions au vote annuel des chambres, le contrôle aux organes de la publicité, et la responsabilité aux conseillers ordinaires de la couronne,

Tout le monde y gagnera : le roi, les principes constitutionnels, les artistes et le pays.

XVII. « De quel jour doit partir la liste civile, et de » quels élémens se composera la liquidation de l'arriéré ? »

La question se résout par les termes de l'article 19 de la Charte. Si la liste civile est votée pour toute la durée du règne, c'est au premier jour du règne qu'elle doit commencer à courir. Sa fixation, même postérieure, remonte à ce jour, comme tous les actes déclaratifs.

Il suit de là que la liquidation doit comprendre deux portions, l'une en nature, l'autre en argent.

L'actif de la dotation immobilière doit se compenser avec le passif, tant du personnel, que du matériel au grand complet de réparation ordinaire et extraordinaire, et non pas à l'état du simple entretien. L'excédant du revenu sur la dépense serait remis au roi, si la dotation intégrale entre dans la composition de la liste civile.

Le bilan de la dotation en argent est facile à dresser. Si la somme annuelle à prélever sur le trésor était fixée à 20 millions ; le roi, qui n'en a reçu que 18, devrait toucher deux millions d'arriéré. Si, au contraire, la fixation était de 10, le roi devrait remettre huit millions au trésor. Ainsi. soit qu'il y ait excédant ou déficit, c'est une simple règle de compensation à appliquer.

Pour donner cette solution, si favorable à Louis-Philippe, il faut s'attacher rigoureusement au texte de la Charte : c'est une solution de droit strict.

Car si l'on donnait une solution d'équité, alors, au lieu d'un décompte de chiffre, on ferait un compte de

clerc à maître. On dirait au trésorier de Louis-Philippe :
« Votre maître n'avait pas de cour, pas de maison mon-
tée, pas de représentation royale, et, indépendamment
de ses immenses revenus personnels, vous avez reçu 18
millions par an. Maintenant, voyons : quelles ont été
vos dépenses? Jamais prince plus économe n'a tenu des
registres plus réguliers : ouvrez-les. Tant pour son entretien et celui de sa femme et de ses enfans, tant pour
sa table, tant pour ses chevaux et équipages, domesti-
ques, chauffage, éclairage, voyages, frais de maison et
charités. Le voici; rendez le reste. »

Si quelque soldat, amputé des deux jambes sur le
champ de bataille, en défendant glorieusement sa pa-
trie, avait touché 20 fr. au-delà de sa petite pension,
ne serait-il pas poursuivi par le fisc en restitution de
cette somme? Comment se ferait-il donc que le roi ne
fût pas tenu de restituer ce qu'il a touché, depuis dix-
huit mois, en excédant de la liste civile votée pour toute
la durée du règne? Est-ce qu'entre les soldats et les rois,
la justice aurait par hasard deux poids et deux mesu-
res? Est-ce que les députés de la France ont été envoyés
à la chambre par les pauvres contribuables, non pour
voter des dépenses nécessaires, mais pour faire des ca-
deaux aux riches ! Si c'était ainsi que nous dussions faire
les affaires du peuple, autant valait rester chez nous.

D'ailleurs, tous frais faits, en argent, billets ou valeurs de banque, n'auriez-vous donc plus rien dans vos
coffres? regardez-y bien.

Ces questions ne laisseraient pas que d'être embarras-
santes. Mais, pour couper court, tenons-nous-en au
texte de la Charte, et décomptons.

XVIII. « Quels sont le caractère et les effets de la
» main-mise du monarque sur les biens de l'ancienne
» dotation de la couronne, pendant l'intérimat de la
» liste civile ? »

Les châteaux dits royaux sont aujourd'hui la propriété
de l'état et pas encore biens de la couronne.

L'article 19 de la Charte ne parle que d'une liste civile, c'est-à-dire d'une somme annuelle.

La loi du 8 octobre 1814 distingue également, dans
son préambule et dans ses dispositions, la dotation de
la liste.

Le roi règne et il n'administre pas.

Les biens de l'état sont sous la surveillance, la gestion
et la responsabilité du ministre des finances.

De ces principes combinés, il suit :

1° Que le roi n'a pu nommer, sans contre-seing mi-
nistériel, les administrateurs des biens de l'ancienne dotation ; (1)

2° Qu'il n'a pu toucher et s'appliquer personnellemen[t]
aucuns fruits de ces biens en nature, rentes, loyers o[u]
argent, en un mot aucun excédant, s'il y en a eu, de l[a]
recette sur la dépense ;

3° Qu'il ne pouvait régulièrement, avant la fixatio[n]
de la liste civile, prendre, lui roi électif, possession d[e]
Saint-Cloud et des Tuileries, pas plus qu'il ne pouvai[t]
occuper le palais de Justice, le palais Bourbon et le palais du Luxembourg, qui sont, comme les Tuileries et
Saint-Cloud, des propriétés de l'état ;

----

(1) Il y a eu contre-seing en ce point. V. Bulletin des Lois.

4° Que les secours aux employés supprimés et pensionnaires de la liste civile n'ont pu être accordés au nom du roi, mais au nom de l'état; que ce n'est qu'en ce dernier nom, qu'on a dû payer les employés actuels, percevoir les fruits, ordonner les réparations;

5° Que le roi aurait excédé ses pouvoirs, s'il avait proscrit de son chef, à ses architectes et ouvriers, de déplacer les statues, de renverser les grilles, de couper par des tranchées profondes la terrasse longitudinale des Tuileries; que le ministre des finances, gardien des biens de l'état, aurait véhémentement compromis sa responsabilité en n'arrêtant pas ces entreprises, de même que le ministre des travaux publics ou les préfets de la Seine et de la police manqueraient à leurs devoirs, s'ils souffraient qu'il prît fantaisie aux agens du roi d'intercepter par des fossés, les abords du Pont-Royal et du Pont-Neuf.

Si le ministre des finances tolérait que qui que ce soit mît la main, sans ses ordres et sans son contrôle, sur les domaines de l'état, il ne faudrait plus dire que les ministres sont responsables. Si le roi ne se renfermait pas exactement dans les bornes de son autorité légale, il ne faudrait plus dire que la loi est souveraine.

La rigueur des principes exigerait un bill d'indemnité dans ce cas.

XIX. « Les créanciers de l'ancienne liste civile ont-ils action sur ses biens meubles et immeubles? »

Il faut distinguer :

Quant aux meubles apparens et reconnaissables qui existaient à l'avénement de Charles X, et qui ont été compris dans un inventaire descriptif, l'action des cré-

anciers ne peut les atteindre. Ils ne sont pas leur gage ;
ils font partie de la dotation de la couronne.

Quant aux immeubles de la dotation, ils sont inaliénables et imprescriptibles, et ils ne peuvent être ni hy-
pothéqués, ni donnés, ni engagés.

Mais il n'en est pas de même des valeurs en caisse,
diamans, perles, pierreries, tableaux, objets d'art,
collections d'antiquités, ouvrages de sciences et de lit-
térature, mobilier de toute nature, matières premières
et produits accumulés des manufactures de Sèvres, des
Gobelins et de Beauvais, vins, chevaux et voitures, etc.

Tous ces objets fongibles ou non fongibles, sont le
gage naturel est sacré des créanciers, ainsi que les maisons, terres et bois achetés à titre d'enclave ou d'an-
nexe.

Les actions judiciaires à fin de paiement, ou en
résolution de contrat, faute de paiement, subsistent
pour les vendeurs, à l'égard de Charles X ou de ses re-
présentans.

En ce qui touche les créances et actions mobiliaires,
il faut encore distinguer.

L'État peut rigoureusement ne les liquider que jusqu'à concurrence de l'émolument; mais comme les créanciers surpris par la force majeure de la déchéance,
n'ont pu prévoir cet événement, il faut que l'équité du
gouvernement réponde à leur bonne foi. N'y aurait-il
pas d'ailleurs mauvaise grâce et même contradiction ré-
voltante, à contester le paiement des créanciers, lorsqu'on va transférer bénévolement sur le grand livre de
la dette publique, 2 millions 500,000 francs de pensions
de pure faveur? Avant d'être généreux, il faut être juste.

L'Etat, je n'hésite pas à le déclarer, doit supporter le passif, excédât-il l'actif ; mais, d'après une revue sommaire, le passif sera, dit-on, couvert par les valeurs de l'ancienne liste civile.

Maintenant, qui doit liquider ?

L'art. 14 du décret législatif du 11 juin 1806 met dans les attributions du conseil-d'état le contentieux des demandes relatives aux marchés des travaux et fournitures faits pour le service de la liste civile.

Il suit de là que pendant l'existence de la liste civile, c'est au ministre ou intendant de la maison du roi à opérer la liquidation. Après l'expiration de la liste civile par mort, déchéance ou autrement, c'est au ministre des finances à faire cette liquidation, sauf, après décision, et, s'il y a lieu, recours au conseil-d'état par la voie contentieuse.

Les parties intéressées ne peuvent répudier la compétence administrative ; elles l'ont acceptée, puisqu'elles ont contracté sous l'empire de ce décret, et que l'ignorance de la loi ne se présume pas.

Il est bon de dire, au surplus, qu'elles ne déclinent pas la juridiction du gouvernement, pourvu que le gouvernement les paie.

Toutefois, comme les créanciers pourraient décliner cette compétence, laquelle, d'ailleurs, s'appliquerait difficilement à la vente presque manuelle des diamans, perles, tableaux et objets d'art, qui ne sont, à proprement parler, ni des travaux, ni des fournitures, il convient que la loi, pour éviter les conflits, règle les attributions, soit que, déclarant débiteur l'état, elle soumette toutes les créances à l'obligation d'une liquidation ou vérification administrative des titres; soit que, délaissant aux créanciers les objets et valeurs dont l'état n'est que détenteur et gardien provisoire, elle renvoie les parties à faire régler leurs droits par les tribunaux.

Cette loi de liquidation de l'ancienne liste civile aurait dû, dans l'ordre rationnel, précéder la loi sur l'établissement de la nouvelle liste.

Cette interversion de marche suspendra l'attribution finale à la nouvelle dotation de la couronne, des meubles et immeubles acquis par Charles X ; mais après la liquidation, la faculté des échanges amènera naturellement ces réincorporations.

Dans tous les cas, l'état doit, s'il y en a, couvrir le passif. La nation française est généreuse, et la révolution de juillet ne fera pas banqueroute aux créanciers sérieux et légitimes de l'ancienne liste civile.

Mais, nous le répétons, ils trouveront dans les valeurs actives de cette liste, leur gage et leur paiement intégral. Quant aux créanciers de Charles X., alors comte d'Artois, c'est à eux à le poursuivre personnellement, comme ils l'entendront. L'état ne leur doit rien. Seulement, il ne confond pas dans la nouvelle dotation de la couronne, avant discussion et paiement, les meubles et immeubles acquis par Charles X, depuis qu'il est roi. Voilà tout ce qu'on peut demander à l'état, et tout ce qu'il peut offrir.

Quant aux créanciers, fournisseurs et pensionnaires futurs de la nouvelle liste civile, je dois les avertir, pour leur sûreté et instruction, que, dans la prévoyante et sage économie de la loi, les créanciers personnels du prince dont les titres sont antérieurs à son avénement, n'ont aucune action, ni sur la dotation de la couronne, ni sur le domaine privé qui lui écheoit ou qu'il acquiert pendant son règne; que les paiemens mensuels de la somme annuelle ne peuvent être frappés d'opposition entre les mains du trésor; que cette somme est également insaisissable entre les mains de la liste civile; que l'état ni l'héritier du roi actuel ne peut être, à aucun titre, et sous aucun prétexte, grévé après sa mort, des pensions ou dettes, ou engagemens qu'il aurait contractés. (1)

C'est donc aux fournisseurs et entrepreneurs, ou à se faire payer comptant, argent pour fournitures, ou à courir sciemment les risques de la royale insolvabilité.

Qu'ils se tiennent donc pour avertis.

En résumé, j'estime,

1° Que la dotation de la couronne, tant en meubles qu'en immeubles, ne doit être ni perpétuelle, ni viagère, mais facultativement périodique, comme tous les autres services et dotations soumis au vote législatif;

2° Qu'il ne doit pas y avoir de domaine privé, et que, s'il y en a un, il ne doit être grossi, ni par des donations, testamens et héritages du dehors, ni tomber, comme un patrimoine, dans la succession des enfans;

---

(1) L'article 11 du chapitre 3 de la constitution de 1791 portait dans ce sens et sagement que « les condamnations obtenues par les » créanciers de la liste civile seront exécutoires contre l'administra- » teur *personnellement et sur ses propres biens.* » On faisait ainsi » peser avec raison les réalités de la responsabilité sur l'ordonnateur des dépenses.

3° Que les biens privés de Louis Philippe, dont il n'aurait pas disposé, ont été dévolus et unis de plein droit au domaine de l'état, le jour même de l'avénement; qu'il en est de même de l'usufruit, s'il a disposé de la nue-propriété.

4° Que le roi n'a pas pu priver le duc d'Orléans, par l'acte du 6 août 1830, de sa portion légitimaire, laquelle, à l'avénement de celui-ci, fera retour à l'état;

5° Que l'apanage d'Orléans a été éteint et réuni, par l'effet de l'avénement, au domaine de l'état, et que s'il en est détaché pour accroître la dotation de la couronne, ce ne peut être qu'à titre de jouissance usufruitière, et sauf à précompter le montant net du revenu, tant des biens privés que de l'apanage, que sur le chiffre de la liste civile;

6° Qu'il n'y a pas lieu de réunir la petite forêt d'Orléans à l'apanage;

7° Que les indemnités de récompense pour amélio rations de l'apanage depuis 1814 ne seront exigibles pour les puînés d'Orléans, qu'au décès de Louis-Philippe;

8° Que l'état ni les biens de la couronne ne peuvent être grevés des dettes du roi régnant ni de celles de ses prédécesseurs, ni des pensions par eux accordées;

9° Que le décompte de l'arriéré touché tant en revenus qu'en argent, depuis dix-huit mois, par les agens de la couronne, doit se régler en excédant et en déficit par le chiffre de la liste civile, dont la fixation remonte déclarativement au premier jour du règne, et que l'excédant de trop perçu doit rentrer au trésor, par voie de prélèvement proportionnel, sur les paiemens mensuels qui courront du 1er janvier 1832;

10° Que les créanciers de l'ancienne liste civile ont action sur les biens meubles et immeubles acquis depuis l'avénement de Charles X ;

11° Que le ministre des finances a compromis sa responsabilité, en n'arrêtant pas les entreprises des agens de la couronne sur les biens de l'ancienne dotation, et en ne frappant point réellement de l'appréhension nationale l'usufruit des biens privés et les revenus de l'apanage ;

12° Enfin, que le partage des deniers de la liste civile en deux services, l'un privé, l'autre public, ne serait utile et constitutionnel qu'autant qu'il y aurait pour ce dernier service publicité, compte rendu et responsabilité.

Je livre ces solutions, qui intéressent l'avenir du trône plus qu'il ne s'en doute, au public, dont le jugement, dans les questions mêlées de politique et de droit, est aussi sûr qu'éclairé.

Il me reste à évaluer, dans une troisième et dernière lettre, l'importance de la liste civile, par des rapprochemens, des tableaux et des chiffres. La chambre a fait son devoir, en ordonnant, comme le parlement anglais, l'impression et le dépôt de tous les documens que nous avons demandés. C'est à la presse à faire le sien ; c'est à la presse à défendre l'argent des peuvres contre les paroles enchantées de la cour ; c'est à la presse à secouer sur l'ombre dont le ministère s'enveloppe les rayons de la publicité.

Paris. Imprimerie de SÉTIER, rue de Grenelle-Saint-Honoré, n. 29.